AF561070

L'ECOLE DES AMANS,

BALLET

REPRÉSENTÉ POUR LA PREMIERE FOIS, PAR L'ACADEMIE ROYALE DE MUSIQUE;

Le jeudi 11 juin, 1744.

REPPRIS, AVEC UNE NOUVELLE ENTRÉE, le mardi 27 avril 1745.

DE L'IMPRIMERIE

De JEAN-BAPTISTE-CHRISTOPHE BALLARD, doyen des imprimeurs du Roi, seul pour la musique, et pour l'académie royale de musique.

A Paris, au mont-Parnasse, ruë saint-Jean-de-Beauvais.

M. DCC XLV.

AVEC PRIVILEGE DU ROY.

LE PRIX EST DE XXX SOLS.

L'ECOLE DES AMANS,

PROLOGUE.

* PREMIERE LEÇON,

L'ABSENCE SURMONTE'E.

SECONDE LEÇON,

LA GRANDEUR SACRIFIE'E.

* TROISIÉME LEÇON,

LA CONSTANCE COURONNE'E.

QUATRIÉME LEÇON,

LES SUJETS INDOCILES,

NOUVELLE ENTRE'E.

* Nota. *Il ne faut avoir aucun égard aux* folio *ou chiffres des pages de la premiere et de la troisiéme Entrée, parce qu'ayant été substituées l'une à l'autre, on les a échangées dans ce livre, suivant la Reprise de ce Ballet, augmenté de la quatriéme Entrée ou Leçon.*

Les titres par conséquent des Entrées échangées devroient être aulieu de Troisiéme, *Premiere*, et aussi au de Premiere *Troisiéme*.

Il y a encor quelques changemens à faire, de mots ci-après;

Page 40 cinquiéme vers, retrancher *Qu'ai-je entendu?*

Page 42 LEANDRE dit les deux premiers vers, et ELISMENE les suivans.

Même p. Au second vers Italien aulieu d'*Ardite*, *Ardete*.

Page 24 Seconde Entrée quatriéme ligne, aulieu d'*en Berger*, *en Polonois*.

L'ECOLE DES AMANS.

ACTEURS ET ACTRICES chantans dans tous les chœurs du Prologue, et du Ballet.

CÔTÉ DU ROI.		CÔTÉ DE LA REINE.	
Mesdemoiselles	*Messieurs*	*Mesdemoiselles*	*Messieurs*
Dun,	Marcelet,	Cartou,	De Serre,
	St. Martin,		Gratin,
Delorge,	Lefevre,	Deshaigles,	Le Mesle,
	Le Page,		Paran,
Varquin,	Chabourd,		Breton,
Dalmand.C.,	Fel,	Gondré,	Deshais,
	Houbault,		Levasseur,
Larcher,	Bourque,	Maçon,	Buzeau,
	Bornet,		Belot,
Delastre,	Gallard,	De Verneuille,	Rhone,
	Duchênet,		Forestier,
Riviere.	Rochette.	Jaquet.	Orban.

APROBATION.

J'AI lû, par ordre de Monseigneur le Chancelier, un Ballet en trois Actes, intitulé *L'Ecole des Amans*, et je n'ai rien trouvé qui doive en empêcher l'impression. A Versailles, ce 27 mai 1744.

DE MONCRIF.

Le Privilege du Roy est à la fin des Opera précédens.

L'ECOLE

L'ECOLE DES AMANS.

Arte Regendus Amor. Ovid. *de Arte amandi*, Lib. 1.

PROLOGUE.

ACTEURS CHANTANS du Prologue.

L'AMOUR,	Mlle Coupée.
LA JALOUSIE,	M[r] Le Page.

ACTEURS DANSANS.

AMANS DE DIFFERENTES Nations.

MESSIEURS	MEDEMOISELLES
Matignon,	Fremicourt,
Dangeville,	Courcelle,
Levoir,	St Germain,
Lafeuillade,	Thiery,
De Vice.	Erny.

L'ESPERANCE.

Mademoiſelle Le Bren,

La Scene eſt dans l'Iſle de Cythere.

L'ECOLE DES AMANS.

PROLOGUE.

Le théâtre repréſente un boſquet orné des jardins de VENUS. La mer paroît dans le fonds. Un pavillon galand ſoutenu par les Zéphirs, couvre un trône de fleurs occupé par l'Amour en Robe de docteur de Cythere, cet aimable maître eſt environné par les jeux & les plaiſirs. Les Amans célébrent ſa gloire & attendent ſes Leçons.

CHOEUR DES AMANS.

DU vainqueur dieu d'Amatonte
Célébrons les doux exploits,
On lui peut céder ſans honte,
Les Héros ſuivent ſes Loix.
Enchantés dans ces retraites
Sans compter nos jours charmans,
Nous devons à nos défaites
Les plus chers de nos momens.

Livrés-vous, tendre jeunesse,
A l'ardeur de vos desirs,
Soupirez, goutez sans cesse
La douceur de nos plaisirs,
Enchantés dans ces retraites
Sans compter nos jours charmans,
Nous devons à nos défaites
Les plus chers de nos momens.

Les amans & amantes dansent : Ensuite ils accompagnent l'Amour qui son flambeau à la main, descend de son trône qui disparoit, les Zéphirs enlevent le Pavillon.

L'AMOUR.

Dans ces beaux lieux il faut se rendre
Pour éprouver les plaisirs les plus doux :
Venez, Mortels, venez apprendre
L'aimable loi que l'Amour fit pour vous.
Que votre zéle au mien réponde,
Les plus grands dieux sont soumis dans ma cour.
Le dieu du monde
Dans ce séjour,
Quand l'Amour gronde
Tremble à son tour :
Le dieu du monde
Dans ce séjour,
Prend les leçons du dieu d'Amour,

Danse des Amans.

PROLOGUE.

L'AMOUR.

Amans, il faut cacher vos peines
Pour trouver mes plus doux plaisirs.
Ne vous plaignés de vos chaînes
Qu'à vos inhumaines :
Retenés vos soupirs.
Heureux silence !
La récompense
Ne peut jamais
Fuir les cœurs secrets.
Tendresse extrême !
Bonheur suprême,
Vos jours sont faits
Pour les amans discrets.

Danse des AMANS.

L'AMOUR, aux AMANS.

Je prétens aujourd'hui dans des festes nouvelles
Vous guider sur les pas des mes sujets fidéles.
Vous verrés un himen heureux
*De deux amans couronner * la constance ;*
Vous verrés triompher mes feux
*De * la fortune, et de * l'absence.*
Retenés mes leçons, goutés en les douceurs.
Par la voix des plaisirs je vais vous les apprendre ;
L'Amour est fait pour instruire les cœurs,
Et les cœurs sont faits pour l'entendre.

Un bruit infernal annonce la jalousie, et l'air s'obscurcit.

* 1. Leçon, * 2. Leçon, * 3. Leçon.

Quelle ſombre vapeur s'éleve dans les airs ?
Avec la Jalouſie elle ſort des enfers.

LA JALOUSIE, aux AMANS.

Foibles eſclaves de cythere,
Connoiſſés les objets qui ſavent trop vous plaire :
Quittés ce funeſte ſéjour
Ne ſuivés plus le flambeau de l'amour,
Il éblouit vos yeux, et le mien les éclaire.

On trompe vos ſoins et vos vœux,
Qu'un juſte dépit vous dégage ;
Sortés d'un indigne éſclavage,
Briſés des fers honteux.

CHOEUR des amans ſéduits par la JALOUSIE.

On trompe nos ſoins et nos vœux,
Qu'un juſte dépit nous dégage ;
Sortons d'un indigne eſclavage,
Briſons des fers honteux.

LA JALOUSIE.

Eſt-il un plus cruel outrage
Que de trahir vos tendres feux ?
Qu'un plus digne objet vous engage,
Fuyés des appas dangereux. *

* Les Amans & les Amantes ſe ſéparent avec des marques de colere.

CHOEUR des AMANS brouillés.

Eſt-il un plus cruel outrage
Que de trahir nos tendres feux !
Qu'un plus digne objet nous engage,
Fuyons des appas dangereux.

On trompe nos ſoins & nos vœux,
Qu'un juſte dépit nous dégage ;
Sortons d'un cruel eſclavage,
Briſons des fers honteux.

L'AMOUR revenant.

Il eſt temps d'éclaicir ce funeſte nuage.
Vous qui calmés les ſoins jaloux,
Volés, agréable Eſperance,
Ramenés avec la conſtance
Le calme le plus doux.

LA JALOUSIE, à part.

En vain on me fait violence,
Je ſaurai leur porter d'inévitables coups.

La Jalouſie s'éloigne ; l'Eſperance paroit dans le char d'Amphitrite conduit par les Tritons : Elle en deſcend & réunit les Amans ſéparés par la Jalouſie.

L'AMOUR.

Aimable Eſperance,
Conſolez les cœurs amoureux,
Soutenez leur conſtance,
Faites naître de nouveaux feux
Pour les rendre à jamais heureux.

L'affreuse tristesse
Suit toujours les transports jaloux,
L'aimable tendresse
Vous promet un sort plus doux.
La Paix dans vos ames
Doit s'unir à mes bienfaits :
Sans elle, vos flammes
Perdent leurs plus chers attraits.

Le Chœur chante la parodie précédente, alternativement avec l'Amour. Ensuite on danse.

LA JALOUSIE, revenant aux Amans.

Quoi, vous cédez encor à de perfides charmes?
Combatez, résistez à de si foibles armes.

CHOEUR des AMANS réunis.

Regnés seul dans nos cœurs, regnés, charmant Amour.

L'AMOUR, à la JALOUSIE.

Fuis, Jalousie affreuse,
Fuis, n'ose plus troubler cette retraitte heureuse;
Tombe au fonds des enfers ton funeste séjour.

LE CHOEUR des AMANS réunis,

Repete: *Fuis, Jalousie affreuse*, &c.

L'AMOUR frape la Jalousie avec son flambeau, elle s'abîme, et les amans réunis accompagnent l'Amour en chantant:

Regnés seul dans nos cœurs, regnés, charmant Amour.

FIN DU PROLOGUE.

L'ECOLE DES AMANS,

PREMIERE LEÇON.

LA CONSTANCE COURONNÉE.

ACTEURS CHANTANS.

FÉNISE, *jeune Duchesse de Sulmone en, Chasseuse*, Mlle Romenville.

ZELIDE, *Dame Napolitaine, tutrice de* FÉNISE, *en Chasseuse*, Mlle Fel.

VALERE, *Seigneur François, en Chasseur*, Mr Jelyotte.

ACTEURS DANSANS.

CHASSEURS.

Monsieur Dupré ;

Messieurs Monservin, Gherardy ;

Mrs Dumay, Dupré, Malter-C., Matignon, Dangeville, P-Dumoulin.

Mademoiselle Dalmand ;

Mesdemoiselles Rabon, Petit, S^t^. Germain, Courcelle, Beaufort, Thiery.

La Scene est à l'entrée d'une Forêt, voisine du château de Sulmone.

L'ECOLE DES AMANS,

PREMIERE LEÇON.

LA CONSTANCE COURONNÉE.

Le Théâtre représente une Forêt, et le Château de Sulmone.

SCENE PREMIERE.

ZELIDE.

ICi de deux jeunes amans
J'examine avec soin les tendres sentimens.
L'Hymen ne doit qu'avec prudence
Couronner les feux de l'amour :
Une épreuve de plus d'un jour
Doit précéder leur recompense :
L'Hymen ne doit qu'avec prudence
Couronner les feux de l'amour.

Mais Valere s'avance,
Pour la derniere fois attaquons sa constance.

SCENE II.

ZELIDE, VALERE.

ZELIDE.

SEigneur, dans ces beaux lieux la chasse vous attend,

VALERE.

Ciel! Je suis agité d'un soin plus important.
Terminez mes malheurs, cessez d'être sévere,
De la beauté que j'aime accordez-moi la main,
C'est vous qui réglés son destin,
Son cœur répond à mon ardeur sincere,
Elle m'est favorable, et vous m'êtes contraire.

ZELIDE.

Je me garderai bien de vous unir tous deux;
L'Hymen vous offrira de plus utiles nœuds,
Pour l'un & l'autre je l'espere.
Quand les nœuds de l'Hymen sont formés par l'Amour
Leurs charmes quelquefois ne donnent qu'un beau jour.

Mais lorſque de l'hymen Plutus dore les chaînes,
Epoux, que ſes faveurs préviennent de deſirs!
Souvent l'Amour eſt ſuivi par les peines,
Plutus voit ſur ſes pas voler tous les plaiſirs.

VALERE, allarmé.

A trahir ſes ſermens Féniſe eſt-elle prête?
L'éclat d'une riche conquête
Efface-t-il mon feu conſtant!

ZELIDE.

Croyés vous que l'Amour arrête
Un cœur que la fortune attend?

VALERE.

Quel coup vient me fraper! Ciel! Devois-je le craindre?

ZELIDE.

Que vous vous abuſés en vous trouvant à plaindre!
Hâtés vous d'immoler une vaine douleur
A la plus brillante eſpérance....
Valere, étes-vous fait pour la perſéverance?

VALERE, ſans l'écouter.

Courons chercher Féniſe et combler mon malheur...

Appercevant FE'NISE.

Elle paroît... ſuivons le tranſport qui me guide...
De reproches ſanglans accablons la perfide....
Vangeons mon amour abuſé....
Parjure... mais, hélas! Déja ſon cœur coupable
Par ſes beaux yeux eſt excuſé...
Le courroux le plus implacable
Par un tendre regard eſt bientôt appaiſé.

SCENE III.

FE'NISE, ZE'LIDE, VALERE.

VALERE, à FENISE.

Fenise est inconstante! O disgrace cruelle!
Quoi, vous brisés notre lien?...
Je vous croyois tendre & fidéle!
Hélas! De votre cœur je jugeois par le mien.

FE'NISE.

Qu'entens-je? Non, mon cœur ne se reproche rien,
Valere....

ZELIDE, les interrompant.

Epargnés vous une plainte importune
Et de vos premiers nœuds perdés le souvenir.
Les époux ne doivent s'unir
Que par les soins de la fortune.

FE'NISE.

Ah! Peut-on devenir époux
Sans consulter le dieu de la tendresse?
Peut-on jamais rendre trop doux
Un nœud qui doit durer sans cesse?

VALERE, surpris.

Quoy, Fénise, m'adressés-vous
Un si flatteur langage?
Chere Fénise, quoy, vous n'étes point volage!

FE'NISE

FE'NISE, ET VALERE,
L'un à l'autre.

Vous m'aimés constament?
Oui, toujours je vous aime.

ZELIDE, souriant.

Vous aimés constament?

FE'NISE, ET VALERE.

Oui, pour jamais je l'aime
Fidélement.

ZELIDE.

Quelle ardeur extrême
N'éprouve pas du temps la puissance suprême.

FE'NISE, ET VALERE.

Notre ardeur extrême
Saura braver du temps la puissance suprême.

L'un à l'autre.

Vous m'aimés constament?
Oui, toujours je vous aime
Fidélement.

ZELIDE.

Fénise, comptés peu sur la foy de Valere,
Vous mérites de l'enflammer
Mais il vient d'un séjour, où l'art de bien aimer
Est moins connu que l'art de plaire.

VALERE.

Je ne sçais point changer. Je ne l'apprendrai pas
Des beaux yeux que j'adore.

Le feu qu'allument ses appas
Sait fixer les cœurs qu'il dévore.

Je ne sçais point changer. Je ne l'apprendrai pas
Des beaux yeux que j'adore.

ZELIDE, à FE'NISE.

L'aimable habitant
Des bords de la seine,
A chaque instant
Brise sa chaîne.

Dans ces climats légers quel hommage nouveau
Ne séduit pas les cœurs les plus fidéles?
C'est là qu'on voit l'Amour se servir de ses aîles,
Plus souvent que de son flambeau.

VALERE, à ZELIDE.

Non, non, mon cœur n'est point volage:
Des rives de la seine il ne suit point l'usage,
Il sait par ses soupirs triompher des rigueurs;
Par sa constance il sait meriter des faveurs,
On le croiroit formé sur les rives du Tage:
Non, non, mon cœur n'est point volage.

ZELIDE, séverement.

La raison m'a parlé, je n'écoute plus rien.
Cessés....

VALERE.

Que vos refus à la pitié se rendent.

FE'NISE, ET VALERE.

Laissés-nous notre amour, il est l'unique bien
Que nos pleurs... Que nos vœux... Que nos cœurs vous demandent.

ZELIDE.

Ah! C'est trop résister à vos tendres regrets.
C'est trop vous déguiser mes sentimens secrets;
Heureux Amans, cessez de craindre,
Vous brûlés d'un beau feu qu'il est temps d'aprouver;
Je ne cherchois pas à l'éteindre,
Je ne voulois que l'éprouver.

FE'NISE, ET VALERE, à ZELIDE.

Comment dans ce jour favorable,
Vous payer de notre bonheur?

ZELIDE.

Je ne prétens de vous, pour prix de sa douceur,
Que la rendre à jamais durable.

On entend des Cors de chasse. ZELIDE & les Amans se joignent à la troupe des Chasseurs.

SCENE IV.

CHASSE.

ZELIDE, FÉNISE, VALERE, CHASSEURS, Dames Napolitaines en habit de chasse.

VALERE, ET ZELIDE.

Venez, rassemblez-vous
Au bruit qui vous appelle;
Pour une Chasse nouvelle,
Venez, Chasseurs, accourez-tous.

LE CHOEUR, *Venez, rassemblez-vous*, &c.

VALERE.

Amour, quittez Cythere:
Venez nous suivre au fonds des bois;
Sans vous, peut-on s'y plaire?
N'oubliez pas votre carquois;
Rendez l'Echo témoin de vos plus chers exploits.

LE CHOEUR, *Venez, rassemblez-vous*, &c.

ZELIDE.

Souvent dans ces retraites
Nous trouvons nos défaites.
L'Amour peut sur nos cœurs
Porter des coups toujours vainqueurs.

VALERE.

Amour, viens dans nos ames
Lancer tes traits de flammes,
Redouble nos langueurs;
Pour nous tes coups sont des faveurs.

ZELIDE.

Le Cor se fait entendre.

VALERE.

Chasseurs, vous faites attendre.

ENSEMBLE.

Peut-on si lentement
Suivre un plaisir charmant?

LE CHOEUR, *Venés, rassemblés-vous, &c.*

VALERE, ET ZELIDE.

Que tous les monstres des forests
Sentent l'atteinte de nos traits:
Qu'ils soient dispersés,
Qu'ils soient renversés
Et de nos dards percés.

Le Cor est notre guide,
Des routes il décide;
Que ses accords pour nous
Sont doux!

La chasse remplit nos loisirs,
Nous lui devons mille plaisirs;
Chasseurs heureux,
Bornés-y tous vos vœux.

CHOEUR.

Que tous les monstres des forêts, &c.

On danse.

VALERE.

L'Amour est un chasseur, cédons sans résistance,
Envain l'on fuit ses traits quand il les lance,
Présentons lui nos cœurs, s'il vole sur nos pas.
Dans ses filets laissons-nous prendre,
Que ses piéges sont doux! Ne nous en plaignons pas:
Quand la surprise a tant d'appas,
Feroit-on bien de s'en deffendre?

On danse.

CHOEUR.

Venés, rassemblés-vous
Au bruit qui vous appelle;
Pour une chasse nouvelle,
Venés, Chasseurs, accourés-tous.

Le cor est notre guide,
Des routes il décide;
Que ses accords pour nous
Sont doux!

FIN DE LA PREMIERE LEÇON.

L'ECOLE DES AMANS,
SECONDE LEÇON.

LA GRANDEUR
SACRIFIÉE.

ACTEURS CHANTANS.

ISABELLE, *Princesse de Flandre, en Bergere*, Mlle Chevalier.

TERSANDRE, *Comte d'Artois, en Berger, sous le nom de* PHILINTE, Mr Chassé.

ANGELIQUE, *confidente d'*ISABELLE, *en Bergere*, Mlle Bourbonnois.

ACTEURS DANSANS.

FOIRE DE FLANDRE.

PAYSANS.

Mr Gherardy.	Mlle Dalmand.
Mr Levoir.	Mlle Fremicour.
Mr Malter-C.	Mr Lafeuillade.
Mlle Thiery,	Mlle Dary.

HOLANDOIS, HOLANDOISES.

Mr De Vice.	Mlle Puvigné.

Mademoiselle Puvigné, fille.

DIVERS ETATS.

Mr Monservin.	Mlle Carville.
Mr Dupré.	Mlle Rabon.
Mr Dumay.	Mlle Petit.
Mr Matignon.	Mlle Irny.
Mr Hamoche.	Mlle St Germain.

Femme de Qualité en habit de paysanne.

Mlle Lyonnois.

La Scene est dans une Carmesse, ou Foire de Flandre.

L'ECOLE

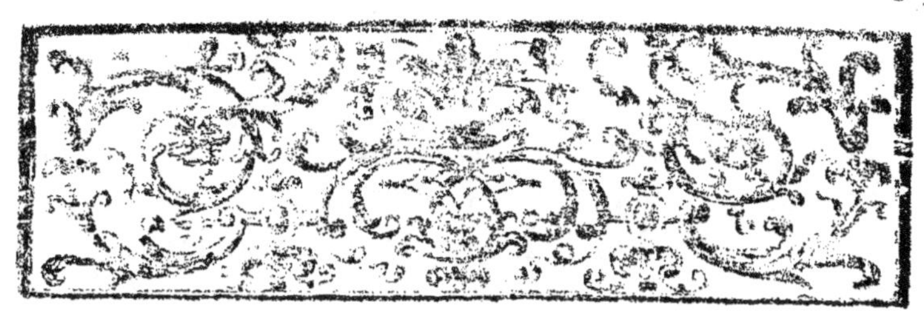

L'ECOLE DES AMANS, SECONDE LEÇON.

LA GRANDEUR SACRIFIÉE.

Le théatre représente une Carmesse, ou Foire de Flandre.

SCENE PREMIERE.

ISABELLE, ANGELIQUE.

ANGELIQUE.

SOus l'habit pastoral, prétendés-vous long-temps
Cacher une illustre Princesse?
Il faut à la grandeur, des Palais éclatans,
Les bois & les hameaux sont faits pour la tendresse.

ISABELLE.

Ici des jeux nouveaux rassemblent chaque jour
Des mortels, amenés par Plutus & l'Amour.

De mon rang avec eux j'évite la contrainte
Sous ce déguisement.
Tous leurs projets divers font mon amusement,
Je trouve sur leurs pas les plaisirs...

ANGELIQUE, souriant.

Et Philinte ?

ISABELLE, vivement.

C'en est fait ; je veux fuir ce mortel dangereux.

ANGELIQUE.

Je crains....

ISABELLE.

N'éxplique pas ta crainte.
Helas!

ANGELIQUE.

Et ce soupir....

ISABELLE.

Dit plus que je ne veux.
En parlant de l'objet d'une tendresse extrême,
La voix prend les accens du cœur.
Et prononcer le nom de ce qu'on aime,
Suffit pour découvrir la plus sécrette ardeur.

ANGELIQUE.

C'est pour un inconnu qu'Isabelle soupire,
Peut-être votre choix offense la grandeur.

ISABELLE.

L'Amour ne compte point les rangs dans son empire.

ANGELIQUE.

Rougissés de votre tourment....

ISABELLE.

Je rougis de l'amour, et non pas de l'amant.

Un objet est digne de plaire
Dès qu'on lui trouve des appas.
Jamais l'amour n'est téméraire
Que dans l'amant qui ne plaît pas.

ANGELIQUE.

C'est vainement que la raison accuse
Les foiblesses d'un tendre cœur.
Il croit justifier la plus aveugle erreur
Avec la plus légere excuse.

Rendés à la grandeur ses droits & son pouvoir.
Songés que votre main est promise à Tersandre...
Ce Prince généreux près de vous doit se rendre....

ISABELLE.

Que j'apprehende de le voir!
Tandis que ce séjour est encor solitaire
Laisse-moi réver un moment...

à part.

Ciel! Faut-il que mon cœur me choisisse un amant,
Quand j'attens un époux, annoncé par mon pere!

SCENE II.

ISABELLE.

Vous êtes trop heureux,
Paisibles habitans de ce charmant bocage!
L'Amour avec l'Hymen, vole sous cet ombrage;
Sans se livrer la guerre ils y régnent tous deux.
La superbe grandeur n'y gêne pas vos vœux,
Vous ne lui rendez point d'hommage
Aux dépens des plaisirs, des graces & des jeux.
Vos voix, de philomele imitent le ramage,
Et vos cœurs imitent ses feux.

Mais, j'apperçoi cet objet redoutable...
Où fuir...Cachons du moins le tourment qui m'accable.

SCENE III.

ISABELLE, Princesse de Flandre, en Bergere, TERSANDRE, Comte d'Artois, déguisé en Berger, sous le nom de PHILINTE, et ne se conoissant pas tous les deux.

TERSANDRE.

*Daignez, jeune Bergere, * écouter un amant*
A qui vous inspirés la plus vive tendresse...
Si vous fuyés l'Amour, vous fuyés vainement,
Sur vos pas il vole sans cesse.

* Elle cherche à fuir.

ISABELLE.

Par un langage si flatteur
Ne vous obstinez plus à seduire mon ame.
Philinte, il faut éteindre une inutile flamme,
La gloire me deffend de vous donner mon cœur.

TERSANDRE.

Que dites-vous ?.. Est-il possible...
Dans les Bois est-on sensible
A l'éclat de la grandeur ?...
On n'y doit quitter la douceur
De l'indifference paisible,
Que pour chercher les biens d'une constante ardeur.
L'empire que la beauté donne
Ne vaut-il pas une couronne ?
Quel triomphe est plus glorieux,
Que de soumettre jusqu'aux Dieux !
Mais la felicité suprême
C'est de regner toujours sur l'objet que l'on aime.

ISABELLE.

Philinte, vous croyez mon cœur ambitieux...
Que ne l'est-il, helas ! je serois moins à plaindre.

TERSANDRE.

Quel destin av[illegible] à craindre ?
Ne puis-je calmer vos douleurs ?

ISABELLE.

Fuyez plutôt : c'est vous qui causés mes malheurs.

TERSANDRE.

Moi! Je frémis!... Aprenez-moi mon crime,
Et s'il faut l'éxpier, comptez sur la victime.

ISABELLE.

Eloignez-vous : je ne veux plus vous voir.

TERSANDRE.

Ne vivre que pour vous fait mon unique envie.

ISABELLE.

Partez.

TERSANDRE.

O Dieux! C'est m'arracher la vie....
N'écoutons plus qu'un juste désespoir.

ISABELLE.

Dieux! Quel fatal himen m'est prescrit par mon pere!

TERSANDRE.

Que dites-vous!

ISABELLE.

Je m'égare....

TERSANDRE.

Achevés... parlés...

ISABELLE.

Je dois me taire...

TERSANDRE.

Non, vous me nommerés ce trop heureux époux.

ISABELLE.

Qu'exigés-vous, Cruel, que ma bouche publie?
Si Philinte sçavoit ce que pour lui j'oublie,
Il n'accuseroit plus mon cœur
D'aimer l'éclat de la grandeur.

TERSANDRE.

Ah! Connoissés toute votre puissance;
Je vais rompre un hymen digne de mes ayeux,
Mais le brillant honneur d'une illustre naissance
N'est-il pas effacé par le feu de vos yeux?
Plaignés, Beauté cruelle
Un souverain, trop tendre, trop fidelle,
Qui ne peut respecter que vos divins appas...
Je leur immole tout, gloire, grandeur....

ISABELLE.

Helas!
Que n'êtes-vous, Tersandre!

TERSANDRE, s'inclinant.

Il est à vos genoux, hâtez-vous de m'apprendre
Quel est le doux espoir qui vient de me fraper.
Tersandre en vous aimant, aime-t'il Isabelle?

ISABELLE.

Mon cœur en croyant se tromper,
A son devoir étoit fidele.

ENSEMBLE.

Je vous ai cédé la victoire
Sans consulter les loix de la grandeur ;
Les fidéles Amans font leur unique gloire
De brûler à jamais d'une sincere ardeur.

On entend un Prélude qui annonce les jeux de la Carmesse.

ISABELLE.

On vient, voyons les jeux.

TERSANDRE.

Ils ont fait mon bonheur.
Que j'en chériray la mémoire !

SCENE IV.

ISABELLE, Princesse de Flandre en Bergere,
TERSANDRE, Comte d'Artois en Berger.
MATELOTS, FLAMANS, ET FLAMANDES.

CHOEUR, TOUS.

Dans cet agréable séjour,

MATELOTS. BERGERS.
Chantons le dieu des Mers; Chantons le dieu d'Amour.

MATELOTS.
Protegez nos travaux, fier souverain de l'Onde.

BERGERS.
Couronnez nos soupirs, charmant vainqueur du monde.

TOUS.
Régnez avec la Paix,
Dieux puissans, sur nos bords, répandez vos bienfaits.

On danse.

TERSANDRE.

Estre aimé de l'objet qu'on aime,
L'enflammer au gré de ses vœux;
C'est gouter le bonheur suprême,
L'Amour seul peut nous rendre heureux.

Le chœur répéte ces quatre vers.

ISABELLE, ET TERSANDRE.

N'être unis que par l'Amour même,
Ne rien devoir à la grandeur.
C'est un sort dont le diadême
Ne peut égaler la douceur.

Le Chœur reprend *Estre aimé de l'objet*, &c....

ISABELLE, ET TERSANDRE.

La fortune la plus brillante
Trop souvent coute des soupirs ;
Les beaux jours d'une ardeur constante
Savent mieux flatter nos desirs.
Ce n'est pas vous, Gloire éclatante,
Qui donnés les plus doux plaisirs.

On danse.

Le Chœur reprend encor, *Estre aimé de l'objet*, &c....

ISABELLE.

Ne cessez point douces musettes,
De répéter nos chansonnettes ;
Chantez de nos cœurs
Les fidelles ardeurs.

Les habitans de ces bocages
A l'Amour rendent leurs hommages :
Mêlez-vous aux tendres oiseaux,
Ils font retentir nos coteaux
Des plus brillans ramages.

Danse de Flamans & d'Hollandois de toutes sortes de conditions rassemblés à la Carmesse.

La Fête finit par la reprise du Chœur, *Dans cet agréable séjour*, &c.

FIN DE LA SECONDE LEÇON.

L'ECOLE DES AMANS,

TROISIÉME LEÇON.

L'ABSENCE

SURMONTÉE.

ACTEURS CHANTANS.

LEANDRO, *Seigneur Romain*, Mr Jelyotte.

ELISMENE, *Dame, veuve Françoise*, Mlle Fel.

ACTEURS DANSANS.

DIFFERENS MASQUES.

Mademoiselle Camargo;

ARLEQUIN, Mr F-Dumoulin,

Arlequin, Mr Levoir,

Arlequine, Mlle Fremicour,

Scaramouche, Mr P-Dumoulin,

Scaramouchette, Mlle Erny,

PELLERINS.

Mrs Malter-C., Hamoche.

Mlles Thiery, Puvignée.

CHINOIS.

Mrs Dumay, Dupré,

Mlles Carville, Rabon,

Mrs De Vice, Lafeuillade,

Mr D-Dumoulin, Mlle Le Breton,

Mr Monservin, Mlle St. Germain.

Mr Gherardy, Mlle Courcelle.

La Scene est dans la Place S. Marc, à Venise.

L'ECOLE DES AMANS,

TROISIÉME LEÇON.

L'ABSENCE SURMONTÉE.

Le Théâtre représente une Colonade préparée pour une fête de Carnaval : On voit au travers la *Place* de S. Marc à Venise.

SCENE PREMIERE.

LEANDRO.

NE vous verrai-je plus, vous qui formés mes nœuds?
Où dois-je aller, helas! Pour calmer mes allarmes?
Dans quels climats heureux
Voit-on briller vos charmes?

C'est ici l'aimable séjour
Où j'ai soumis mon cœur aux attraits d'Elismene...
Le Tibre m'a vû naître : Elle a recu le jour
Sur les rivages de la seine.
Ici le sort cruel nous sépara tous deux
Sans pouvoir expliquer mes vœux...
J'ai bientôt appris son langage...
N'aurai-je jamais l'avantage
De m'en servir, pour déclarer mes feux.

Ne vous verrai-je plus, vous qui formés mes nœuds ?
Où dois-je aller, helas ! Pour calmer mes allarmes ?
Dans quels climats heureux
Voit-on briller vos charmes ?

LEANDRO apperçoit Elismene dans l'eloignement.

Dieux ! c'est-elle !.. Parlons... Non, il faut l'écouter.
Graces au tendre amour, je peux enfin l'entendre...
Le secret de son cœur va peut-tre eclater...
Mais que vais-je trouver, en cherchant à l'aprendre.

SCENE II.

ELISMENE, LEANDRO caché.

ELISMENE, se croyant seule.

AMour, si quelquefois tu fais verser des pleurs :
En se plaignant de tes rigueurs,
On les adore.
En pressant la raison d'etein re tes ardeurs,
On craint le secours qu'on implore.

LEANDRO, caché.

Elle aime! .. Falloit-il qu'à mon amour fatal
Un fortuné rival
Vint s'oppoſer encore!

ELISMENE, ſe croyant ſeule.

Eſt-ce en vain que du dieu d'Amour
J'éprouve le pouvoir ſuprême?
Ne dois-je plus voir ce que j'aime?
Ne reviendra t-il plus dans ce charmant ſéjour?

Venés, volés, favorable Eſpérance,
Calmés les maux, triſtes fruits de l'abſence,
Suſpendés mes vives douleurs.

Que d'amans malheureux votre douceur ſoulage!
Vous eſtes pour les cœurs
Ce qu'après un orage
Zéphire eſt pour les fleurs.

Venés, volés, favorable Eſpérance,
Calmés les maux, triſtes fuits de l'abſence,
Suſpendés mes vives douleurs.

LEANDRO, à part.	TRADUCTION.
Ah! queſto è troppo! Barbaro Deſtino!	*C'en eſt trop, enfin,* *Barbare Deſtin!*

SCENE III.

ELISMENE, LEANDRO.

LEANDRO, l'abordant.

Quoy, votre cœur a pû se rendre
Sans connoître l'Amant qu'il devoit préférer?
Quoy, l'amour a pu vous surprendre?
Il devoit mieux vous éclairer.

ELISMENE, à part.

Qu'ai-je entendu?.. C'est lui. Pourois-je m'y méprendre!
Il croit qu'un autre amant désarme ma fierté...
Jouissons d'un courroux que j'ai peu mérité.

LEANDRO, vivement.

Vous ne répondés point aux transports de mon ame...
Je ne le vois que trop, mes vœux sont refusés...
N'ai-je appris à pouvoir vous exprimer ma flamme
Que pour entendre mieux, que vous la méprisés?

ELISMENE, souriant.

Quand le sort me força de quitter ce rivage
Vous ne saviés pas mon langage...

LEANDRO, trés vivement.

Je voudrois encor l'ignorer!
Je n'aurois pû vous déclarer
Un feu constant qui... vous outrage...
Et je n'apprendrois pas dans ce funeste jour,
Qu'un rival heureux vous engage...

ELISMENE,

ELISMENE, gayment.

Quoy ! Si je vous entens, je le dois à l'Amour ?

LEANDRO.

Est-il jamais de langue difficile,
Dès que l'Amour en donne les leçons ?

Avec plaisir nous nous les retraçons,
Tout obeit, quand le cœur est docile.

Est-il jamais de langue difficile,
Dès que l'Amour en donne les leçons ?

ELISMENE *redit la même pensée en Italien.*

Lingua non v'è ché tosto non s'impari,
Qual or si fa maestro il Dio d'amore.
Menté non v'è ché il Nume non rischiari,
Se trova sempré obedienté il core.

Lingua non v'è ché tosto non s'impari,
Qual or si fa maestro il Dio d'amore.

LEANDRO, *avec transport.*	TRADUCTION.
Il tosco idioma non v'è dunque ignoto ?	*Ciel ! Vous parlés italien !*
ELISMENE.	TRADUCTION
Del mio sincero affetto è questi il voto.	*C'est vous prouver ma flamme, et vous la prouver bien.*

Venez, charmant Hymen, hâtez-vous de paraître,
Faites briller vos feux;
Et vous Amour, faites connaître
A l'objet de mes vœux,
Que pour nous entendre tous deux
Nous avons eu le même maître.

ENSEMBLE.

Venez, charmant Hymen, hâtez-vous de paraître,
Faites briller vos feux.

LEANDRO.

Nous avons de nos cœurs acquis l'intelligence,
Est-il un bien plus précieux!
Et pouvions-nous employer mieux
Les cruels momens de l'absence?

ENSEMBLE.

LEANDRO.	ELISMENE.
Charmantes Flammes,	Gradite Fiamme,
Brûlez nos ames;	Ardite l'almé;
Parmi les Plaisirs & les Jeux,	Tra scherfi amati,
Rendez-nous toujours heureux.	Fate noi beati.
Aimable Tendresse,	Nume d'amore
Je sens tous vos attraits;	Tuoi vezzi sento;
Régnez sans cesse,	Regna nel core,
Pour vous nos cœurs sont faits.	Di te contento.

On entend un Prélude, qui annonce la fête.

ELISMENE.

On vient.

LEANDRO.

Eloignons-nous.

ELISMENE.

Restons pour voir les Jeux.

LEANDRO.

Je n'y verrai que vous.

SCENE IV.

LEANDRO, ELISMENE,
Troupe de Masques chantans,
Troupe de Masques dansans.

CHOEUR des Masques.

BAnnissons la tristesse
De ces lieux charmans:
Chantons, jouissons des plus beaux de nos ans.
Dans ces jours, la sagesse
Permet les plaisirs.
Dansons, profitons de nos heureux loisirs.
Le Dieu de la tendresse
Repand ses bienfaits.
Courons, offrons-nous à ses traits.

On danse.

LEANDRO.

Jeunes Amans, déguisés-vous
Pour tromper les yeux jaloux.

Mille aimables conqueſtes
Vous attendent dans nos feſtes;
Les plaiſirs vous ſerviront tous,
Quel triomphe ſera plus doux?

L'Amour & la Folie
Ont inſpiré ces jeux charmans:
Ils y font naître les momens
Les plus flatteurs de la vie.

Jeunes Amans, déguisés-vous
Pour tromper les yeux jaloux.

On danſe.

ELISMENE.	TRADUCTION de l'Air italien.
Diletti, è Gioiè, Regnate ſempre preſſo gli amanti; Regnate, Volate Preſſo gli amanti.	*Plaiſirs, et Jeux, regnés toujours* *Près des amans & des amours;*
Longi le noiè Malinconie, gli affanni é i pianti. Diletti è Gioiè, &c.	*Eloignés les ennuis, les craintes,* *Les ſoupçons, et les triſtes plaintes.* *Plaiſirs, et Jeux,* &c.

FIN DE LA PREMIERE LECON.

L'ECOLE DES AMANS.

QUATRIÈME LEÇON.

LES SUJETS INDOCILES.

ACTEURS CHANTANS.

L'AMOUR, Mlle Coupée.
SOLIMAN, *Bacha*, Mr Le Page.
CHLOE', *Bergere*, Mlle Romenville
UN CHEVALIER *françois*, Mr Jeliotte.

ACTEURS DANSANS.

LES JALOUX TROMPE'S.

UN VENITIEN,
Monsieur Dupré.

UNE VENITIENNE,
Mademoiselle Rabon.

UN ESPAGNOL, Mr Matignon.

DEUX SUIVANTES,
Mesdemoiselles Courcelle, St Germain.

UN FRANCOIS, Mr Pitro.
UN POLONOIS, Mr Monservin.
UN MAURE, Mr De Vice, } *esclaves.*
UN TURC, Mr Levoir, } *esclaves.*

L'ECOLE DES AMANS,

QUATRIE'ME LEÇON.

LES SUJETS INDOCILES.

Le théâtre représente une salle, où les amans sur des gradins écoutent les leçons de l'Amour.

Ce Dieu est sur son trône, Les Plaisirs & les Jeux sont mêlés avec les amans.

SCENE PREMIERE.

L'AMOUR, assis sur son trône.

PRofitez des leçons que vous venés d'entendre,
Soupirés, jeunes cœurs, laissés vous enflamer,
Pouvez-vous jamais rien apprendre
De si charmant, que l'art d'aimer.

CHOEUR des PLAISIRS & des JEUX.

Profitez des leçons, &c.

SCENE II.

L'AMOUR sur son trône, SOLIMAN Bacha.

L'AMOUR.

Dans l'art de bien aimer venez-vous vous instruire?

SOLIMAN.

Non, par le plaisir seul je me laisse conduire,
Je viens voir des mortels inconnus sur nos bords,
Des amans qui parlent sans cesse
De soupçons, de regrets, de douleurs, de transports....

L'AMOUR.

C'est ainsi que les cœurs expriment la tendresse.
La félicité des amans
Régne même dans leurs tourmens:
Ils esperent dans leurs craintes,
Ils sont charmés dans leurs plaintes.
La félicité, &c.
Si vous connoissiés la constance,
Et le prix de ses sentimens!

SOLIMAN.

Nous ne sommes jamais trahis par l'esperance,
Et la triste perséverence
Ne contraint jamais nos desirs.
L'Amour dans cent climats ne va point sans les peines,
Sur nos bords il vole sans chaînes,
Et n'y conduit que les plaisirs.

L'AMOUR.

Le bonheur le plus tranquile
N'eſt pas toujours le plus doux:
La vive inquietude au plaiſir eſt utile,
Souvent ſon charme accroît par les ſoupçons jaloux.

Le bonheur, &c.

SOLIMAN,

Nous ne comprenons pas le charmes
Que pourroient nous offrir les ſoins & les allarmes.
Le plaiſir à nos cœurs ne coute point de vœux,
Dès que nous le voulons il vient nous rendre heureux:
Jamais dans un objet ſevere
Nous ne redoutons la fierté;
Et loin d'adorer la Beauté
C'eſt elle qui cherche à nous plaire.

Le plaiſir, &c.

ENSEMBLE.

Heureux / *Plaignons* } *un cœur qui ſoupire;*
Et qui chérit { *mes* / *vos* } *fers!*
Cent { *plaiſirs* / *chagrins* } *divers*
Volent dans { *mon* / *votre* } *empire.*

CHOEUR.

Heureux un cœur qui ſoupire
Et qui cherit vos fers,
Amour, cent plaiſirs divers
Volent dans votre empire.

SCENE III.

L'AMOUR ſur ſon trône, CHLOE' bergere.

L'AMOUR.

Que voulez-vous, jeune Bergere?

CHLOE'.

Je veux apprendre l'art de plaire,
Je ne ſais que trop bien aimer.
Tircis me promettoit une flame ſincere...
Dieux! Qu'elle étoit légere!
Climene vient de l'enflamer.

Je veux, &c.

Tircis ne cherche plus que l'objet qui l'engage...

L'AMOUR.

Le dernier trait qui frape un cœur volage
Lui ſemble toujours le plus doux:
De mille objets charmans il éprouve les coups;
Mais c'eſt le plus nouveau qui lui plaît davantage.
Le dernier, &c.

CHLOE'.

Un juste dépit l'autre jour
L'éloigna de Climene ;
Je crus qu'il briseroit cette nouvelle chaîne...
Et son cœur offensé... Paroissoit sans retour ;
Mais, esperance vaine !
Que ne pardonne pas l'Amour !

L'AMOUR.

Le courroux le plus légitime,
Par la tendresse, est bientôt surmonté,
Et la plus coupable beauté
A toujours dans ses yeux l'excuse de son crime.

CHLOE'.

Comment ay-je perdu le cœur de mon amant !
Ah ! Je l'aimois si tendrement !

L'AMOUR.

Cachés le feu qui vous dévore,
Votre amant s'est lassé de vos plus tendres soins,
Si vous l'aviés captivé moins,
Sa chaîne dureroit encore.

CHLOE'.

Quoi, son fatal changement
Est le fruit de ma constance ?
N'aime-t'on fidélement,
Que lorsque d'un long tourment
On souffre la violence ?
Quoi, &c.

L'AMOUR.

Feignés de dissiper
Votre douleur extrême...

CHLOE'.

Je ne sais qu'aimer ce que j'aime,
Mais je ne sais point le tromper.
Mon cœur a l'objet que j'adore
Voudroit en vain cacher ses feux,
Mes Regards trahiroient l'ardeur qui me dévore
Mes soupirs échapés l'instruiroient de mes vœux.

L'AMOUR.

Vous réussirés peu dans mon aimable empire,
Il y faut de l'habileté,
Souvent l'amour & la beauté,
Pour conserver un cœur, ne peuvent pas suffire.

ENSEMBLE.

L'A. *Il faut savoir* } *cacher sa flâme,*
CH. *Comment peut-on* }
L'A. *Lorsque la feinte est un secours*
CH. *La feinte est-elle un vrai secours?*
L'A. *Amans,* { *ne laissés pas* } *toujours*
CH. { *ne doit-on pas* }
Lire dans votre ame?

CHOEUR DES PLAISIRS ET DES JEUX.

Il faut savoir cacher sa flame &c.

SCENE IV.

L'AMOUR, sur son trône.

LE CHEVALIER entre en chantant un menuet.

L'AMOUR.

Si par votre enjouement il faut juger de vous,
Vous n'avez pas un cœur sensible.

LE CHEVALIER.

Ah ! que vous jugés mal, Amour, est-il possible ?
A chaque instant je me livre à vos coups,
Et je ne vois point de belle
Sans lui jurer une flame fidéle :
Je ne la quitte jamais
Que pour servir Bacchus & chanter ses attraits.

L'AMOUR.

Je pense que Bacchus calme bien vos allarmes ;
Quand vous vous plaignés de l'Amour.

LE CHEVALIER.

M'en plaindre ! Moi ! J'attens encor ce triste jour.
Me trouvez-vous des yeux faits pour verser des larmes ?

Buvés, trop timides amans
Qui languissés dans vos tourmens.
Près de l'objet qui sait vous plaire ;
Prenés des leçons de Bacchus,
Le vin chez le fils de Venus
Finit souvent plus d'une affaire.

L'AMOUR.

Je vois bien que vous n'êtes pas
De mes sujets le plus fidelle.

LE CHEVALIER.

A vos rigueurs je suis rebelle,
Je n'obéis qu'à vos appas.

A Bacchus je rens mon hommage,
Quand j'aperçois les ennuis chés l'Amour.
Je jouis des douceurs de l'une & l'autre cour,
Sans éprouver leur esclavage.

A Bacchus, &c.

L'AMOUR.

Et quelquefois aussi vous nous servés ensemble?

LE CHEVALIER.

Mes plaisirs sont parfaits lors que je vous rassemble.

Unir la tendresse & le vin,
C'est le plus fortuné destin:
Ah! Le spectacle de la terre
Le plus délicieux,
C'est lors qu'on voit l'Amour regner dans deux beaux yeux,
Et Bacchus briller dans un verre.

L'AMOUR.

Ainsi toujours heureux,
Dès que vous souhaittés, tout répond à vos vœux.

LE

LE CHEVALIER.

Pour moi le plaisir toujours veille
Et banit le chagrin fatal,
Quand sous le mirthe je suis mal,
Je cherche l'ombre de la treille:
Mon bonheur est-il negligé
Par l'injuste dieu de Cithere,
D'abord sans ressentir ni dépit ni colere,
Je vole chés Bacchus, je bois, je suis vangé.

L'AMOUR.

Je saurai bien punir ce discours temeraire...

LE CHEVALIER, en s'en allant.

Je vole chés Bacchus, je bois, je suis vangé.

SCENE V, et derniere.

L'AMOUR, aux AMANS.

JE ne trouve que trop de sujets indociles !
Vous qui suivés mes pas
Dans ces heureux aziles,
Ne les imitez pas.

CHOEUR.

Dieu charmant, délice de nos ames,
Amour, par tes faveurs
Regne à jamais sur tous les cœurs.

Dieu charmant, répans sur nous tes flâmes,
Amour, sur tous les cœurs,
Lance tes traits toujours vainqueurs.

L'AMOUR.

Plaisirs qui suivés Terpsicore,
Peignés les érreurs des jaloux :
Par le portrait du soin qui les dévore,
Puissiez-vous les corriger tous.

Le Divertissement est terminé par une Pantomime composée de plusieurs Scenes muettes, qui représentent des Jaloux trompés par des amans aimés, et le Zanni confident de l'intrigue.

FIN.

Vu ce avril 1745. Paraphe de M. DE MONCRIF.